André Boccato & Estúdio Paladar

# Receitas Saborosas com Massas

Gourmet Brazil
Editora Boccato

# Receitas Saborosas com Massas

Carboidratos são a base da pirâmide de qualquer bom manual que ensine sobre uma nutrição adequada e equilibrada. As massas, felizmente, se encaixam confortavelmente nesse primeiro e espaçoso andar: 60% da alimentação diária deve se constituir de alguma forma de carboidrato – que, em poucas palavras, é o elemento que nos fornece energia pura.

Além disso, os pratos a base do incomparável macarrão – aquela invenção atribuída aos chineses, mas aperfeiçoada e difundida no mundo todo pelos italianos – costumam ser de uma praticidade no preparo que, salvo as exceções de praxe, ou de gala, não há desculpas, mesmo ao mais inexperiente dos cozinheiros, para não se sentir confiante a preparar as mais versáteis e deliciosas receitas. E quantos pratos fabulosos, se consegue a partir de um prodigioso 'pacote de macarrão'!

As massas, cuja base é farinha de sêmola de trigo, água e ovos, podem ser 'frescas', ou seja, preparadas artesanalmente, ou 'secas', o que vem a ser o chamado macarrão industrializado. No Brasil, a despeito de ficarmos com o terceiro lugar entre os maiores fabricantes e comedores de macarrão no planeta, mesmo com toda a cultura herdada pelos imigrantes italianos, só viemos a aprender o conceito "*grano duro*" há relativo pouco tempo – mas por sorte, ainda em tempo de salvar o macarrão naquele ponto *al dente*! Assim como também a fabricação passou a se dar a partir do grão de farinha adequado. Portanto, primeiro lembrete: não deixe passar do ponto o cozimento da massa! e use apenas produtos que garantam esse privilégio.

No mais, abra cada página deste pequeno breviário de pratos com massas, tendo a certeza que só irá encontrar soluções práticas, muito saudáveis e deliciosamente estimulantes. Afinal, outro recurso da massa é jamais ser entediante; seja para aquele prato único, ou como o coadjuvante apetitoso, mas imprescindível, feito com alguma das muitas variantes em formatos que consegue de um bom macarrão, ao lado de seu molho caprichado e inventivo, seja para aquela ocasião em que a massa se torna a protagonista mais desejava e apetecível da refeição.

Algumas receitas são clássicos da '*pasta alla italiana*'; outras, variações sobre um tema que o autor, modestamente, domina com o coração, a experiência e a inclinação do paladar.

André Boccato

# Índice

Rendimento: 4 pessoas / Tempo de Preparo: 1 hora / Dificuldade: Fácil

# Capeleti ao Molho Porcini com Vinho Tinto

***Ingredientes***

*1 xícara (chá) de cogumelos secos porcini*

*1 colher (sopa) de manteiga*

*1 xícara e ¼ (chá) de vinho tinto seco (250ml)*

*pimenta-do-reino e sal a gosto*

*1 xícara e ¼ (chá) de creme de leite fresco (250ml)*

*1 colher (sopa) de amêndoas picadas*

*1 pacote de macarrão tipo capeleti (500g)*

***Modo de Preparo***

Coloque os cogumelos secos em uma vasilha, cubra-os com água morna e deixe de molho por cerca de 30 minutos. Escorra os cogumelos.

Em uma panela, derreta a manteiga, adicione os cogumelos, o vinho tinto, o sal e a pimenta-do-reino. Cozinhe em fogo brando até secar o vinho. Misture o creme de leite e as amêndoas, aquecendo o molho, sem ferver.

Cozinhe o capeleti em água e sal até ficar "al dente" e misture ao molho. Sirva a seguir.

Rendimento: 4 porções / Tempo de Preparo: 30 minutos / Dificuldade: Médio

# Rondelli Tricolor

***Ingredientes***

*2 xícaras (chá) de ricota amassada*

*folhas de 1 maço de espinafre cozidas, espremidas e picadas*

*meia xícara (chá) de tomates secos picados*

*2 envelopes de realçador de sabor para massa*

*200g de massa fresca para lasanha*

*Molho*

*3 colheres (sopa) de margarina sem sal*

*5 colheres (sopa) de farinha de trigo*

*1 litro de leite*

*sal a gosto*

*meia colher (café) de noz-moscada*

***Modo de Preparo***

Em uma tigela, coloque a ricota, o espinafre, os tomates secos, o realçador de sabor e misture bem. Distribua sobre a superfície das massas, enrole como rocambole e corte em fatias de 1,5 cm de largura. Disponha em um refratário médio (31 x 20 cm), com a parte do recheio voltada para cima. Reserve.

Molho

Em uma panela média, coloque a margarina e leve ao fogo para derreter. Junte a farinha de trigo e misture bem, sem deixar dourar. Acrescente o leite, aos poucos, e cozinhe, mexendo sempre, até encorpar. Tempere com o sal, a noz-moscada, mexa e retire do fogo. Disponha o molho sobre os rondellis, cubra com papel alumínio e leve ao forno preaquecido em temperatura média-alta por 20 minutos. Retire do forno e sirva em seguida.

Rendimento: 5 porções / Tempo de Preparo: 1 hora / Dificuldade: Médio

# Conchiglie com Brócolis

***Ingredientes***

*3 xícaras (chá) de ricota amassada*
*3 colheres (sopa) de cebola picada*
*2 colheres (sopa) de creme de leite*
*meia xícara (chá) de presunto cortado em cubos pequenos*
*1 envelope de caldo de legumes em pó*
*1 xícara (chá) de brócolis cozido e picado (só as flores)*
*1 pacote macarrão tipo conchiglie (500g)*
*3 colheres (sopa) de azeite*
*2 dentes de alho picados*
*2 latas de tomates pelados e picados*
*sal a gosto*
*1 pitada de açúcar*
*1 pitada de pimenta-do-reino branca*

***Modo de Preparo***

Misture a ricota, a cebola, o creme de leite, o presunto, o caldo de legumes, o brócolis e reserve.

Cozinhe os conchiglie em água e sal até ficar "al dente" e escorra. Recheie os conchiglies com a mistura de ricota e coloque em um refratário. Reserve.

Aqueça o azeite e frite o alho. Junte os tomates pelados e deixe ferver por 3 minutos. Adicione o sal, o açúcar e a pimenta, misture e desligue. Despeje o molho sobre os conchiglies e leve ao forno para aquecer. Sirva a seguir.

Rendimento: 5 porções / Tempo de Preparo: 40 minutos / Dificuldade: Fácil

# Linguine com Cogumelos

***Ingredientes***

*meia xícara (chá) de azeite*
*1 colher (sopa) de alho picado*
*3 xícaras (chá) de shitake fatiado*
*3 xícaras (chá) de shimeji picado*
*meia xícara (chá) de vinho branco seco*
*2 colheres (sopa) de salsa picada*
*meia colher (chá) de macis moído*
*sal a gosto*
*1 pacote de macarrão tipo linguine (500g)*

***Modo de Preparo***

Aqueça o azeite e frite o alho, o shitake e o shimeji por 5 minutos. Acrescente o vinho e cozinhe por 2 minutos. Junte a salsa, o macis e o sal e desligue.

À parte, cozinhe o macarrão em água e sal, misture ao refogado de cogumelos e sirva a seguir.

Rendimento: 5 porções / Tempo de Preparo: 50 minutos / Dificuldade: Elaborado

# Massa com Orégano

***Ingredientes***

*Massa*

*500g de farinha de trigo*

*2 ovos*

*1 colher e meia (sopa) de orégano*

*Molho*

*4 colheres (sopa) de azeite*

*meia cebola roxa picada*

*meia xícara (chá) de azeitonas pretas picadas*

*1 pitada de pimenta-do-reino branca*

*meia xícara (chá) de café preparado*

*1 tablete de caldo de carne*

*1 colher (sopa) de amido de milho*

*1 xícara (chá) de água*

*2 colheres (sopa) de salsa picada*

*meia xícara (chá) de queijo parmesão ralado grosso*

***Modo de Preparo***

Massa

Misture a farinha com os ovos e o orégano e amasse até obter uma massa firme. Passe a massa por um cilindro e abra até a espessura desejada. Corte a massa em formato de talharim e reserve. Aqueça uma panela com água e sal e cozinhe a massa até ficar "al dente". Reserve.

Molho

Aqueça o azeite e frite a cebola. Junte as azeitonas, a pimenta-do-reino, o café e o caldo de carne. Dissolva o amido na água e junte ao molho, mexendo rapidamente até engrossar. Adicione a salsa e desligue. Sirva o molho sobre a massa cozida e polvilhada com o queijo parmesão.

Rendimento: 5 porções / Tempo de Preparo: 40 minutos / Dificuldade: Fácil

# Espaguete ao Molho de Presunto

***Ingredientes***

*500g de macarrão tipo espaguete integral*
*sal a gosto*
*2 latas de tomates pelados*
*1 tablete de caldo de bacon*
*1 xícara (chá) de presunto picado*
*2 colheres (sopa) de alcaparras*

***Modo de Preparo***

Cozinhe o macarrão em água e sal até ficar "al dente", escorra e reserve.

À parte, pique os tomates pelados e leve ao fogo com o caldo de bacon, o presunto e as alcaparras. Cozinhe por 5 minutos e despeje sobre o macarrão escorrido. Sirva a seguir.

Rendimento: 5 porções / Tempo de Preparo: 35 minutos / Dificuldade: Fácil

# Paglia e Fieno Napolitano

***Ingredientes***
*1 pacote de macarrão tipo paglia e fieno (500g)*
*meia xícara (chá) de azeite*
*3 xícaras (chá) de tomates cerejas cortados ao meio*
*sal a gosto*
*1 xícara (chá) de azeitonas pretas picadas*
*1 xícara e meia (chá) de mussarela de búfala tipo bola cortada em rodelas*
*salsa para decorar*

***Modo de Preparo***
Cozinhe o macarrão em água e sal até ficar "al dente", escorra e reserve.

Aqueça o azeite e junte os tomates. Deixe refogar por 2 minutos, adicione o sal, as azeitonas e a mussarela de búfala. Deixe aquecer e desligue. Misture ao macarrão e sirva a seguir.

Rendimento: 5 porções / Tempo de Preparo: 40 minutos / Dificuldade: Fácil

# Penne Integral com Cogumelo e Rúcula

***Ingredientes***

*2 colheres (sopa) de azeite*

*3 bandejas de cogumelos paris cortados em fatias*

*meia cebola média picada*

*2 colheres (sopa) de farinha de trigo*

*2 embalagens de creme de leite fresco (500ml cada)*

*meia xícara (chá) de molho inglês*

*sal e pimenta-do-reino a gosto*

*meio maço de rúcula (só as folhas)*

*1 pacote de macarrão tipo penne integral (500g)*

***Modo de Preparo***

Aqueça o azeite e refogue o cogumelo paris e a cebola. Polvilhe a farinha e adicione o creme de leite, mexendo até engrossar ligeiramente. Junte o molho inglês, o sal e a pimenta-do-reino. Deixe ferver, acrescente a rúcula e desligue.

Cozinhe o penne integral em água e sal, escorra e sirva com o molho.

Rendimento: 5 porções / Tempo de Preparo: 40 minutos / Dificuldade: Fácil

# Farfalle com Shitake

***Ingredientes***

*¼ de xícara (chá) de azeite*
*4 dentes de alho fatiados*
*2 bandejas de shitake picados em fatias*
*1 colher (chá) de gengibre em pó*
*1 xícara (chá) de vinho branco seco*
*1 xícara e meia (chá) de tomates cereja cortados ao meio*
*sal a gosto*
*manjericão a gosto*
*1 pacote de macarrão tipo farfalle integral (500g)*

***Modo de Preparo***

Aqueça o azeite e frite o alho. Junte o shitake, o gengibre e refogue até murchar. Acrescente o vinho e cozinhe por 3 minutos. Adicione os tomates cereja, o sal e o manjericão. Mexa e desligue.

Cozinhe o farfalle com água e sal, escorra e sirva com o molho de shitake.

Rendimento: 5 porções / Tempo de Preparo: 40 minutos / Dificuldade: Fácil

# Ninho com Presunto di Parma

***Ingredientes***

*2 colheres (sopa) de manteiga*
*4 colheres (sopa) de azeite*
*1 cebola média picada*
*3 cenouras médias, cortadas no cortador de legumes em fatias longa*
*200g de presunto di Parma fatiado e cortado em tiras*
*1 pitada de noz-moscada*
*1 pitada de pimenta-do-reino*
*1 pacote de macarrão tipo ninho (500g)*
*4 colheres (sopa) de queijo parmesão ralado*

***Modo de Preparo***

Em uma frigideira grande, aqueça uma colher (sopa) de manteiga e duas colheres (sopa) de azeite. Adicione a cebola e refogue até ficar transparente. Junte a cenoura e o presunto e cozinhe até a cenoura ficar macia. Acrescente a noz-moscada e a pimenta-do-reino.

À parte, cozinhe o macarrão em água e sal até ficar "al dente". Escorra e volte para a panela. Junte o restante da manteiga e do azeite e o parmesão. Acrescente o refogado de cenouras e presunto e transfira para um refratário. Sirva a seguir.

Rendimento: 5 porções / Tempo de Preparo: 35 minutos / Dificuldade: Fácil

# Penne à Romanesca

***Ingredientes***

*4 colheres (sopa) de manteiga*
*3 colheres (sopa) de farinha de trigo*
*3 xícaras (chá) de leite*
*sal e noz-moscada a gosto*
*meia xícara (chá) de ervilhas*
*1 xícara (chá) de champignons fatiados*
*1 xícara (chá) de presunto cortado em cubos pequenos*
*1 lata de creme de leite light*
*1 pacote de macarrão tipo penne (500g)*
*3 colheres (sopa) de cebolinha picada*

***Modo de Preparo***

Derreta a manteiga e doure a farinha de trigo. Adicione o leite, aos poucos, mexendo até engrossar. Junte o sal, a noz-moscada, as ervilhas, o champignon, o presunto e o creme de leite. Deixe aquecer e desligue.

Cozinhe o macarrão em água e sal até ficar "al dente". Escorra e transfira para um refratário. Despeje o molho sobre o macarrão e polvilhe a cebolinha. Sirva a seguir.

Rendimento: 5 porções / Tempo de Preparo: 1 hora / Dificuldade: Fácil

# Fusilli com Pesto de Rúcula

***Ingredientes***

*500g de camarões grandes limpos*
*suco de meio limão*
*1 envelope de caldo de legumes em pó*
*1 maço pequeno de rúcula (só folhas)*
*meia xícara (chá) de azeite*
*3 colheres (sopa) de pinhole torrado*
*2 colheres (sopa) de manteiga*
*1 xícara e meia (chá) de palmitos cortados em rodelas*
*1 pacote de macarrão tipo fusilli (500g)*

***Modo de Preparo***

Tempere os camarões com o limão, meio envelope de caldo de legumes e deixe tomar gosto por 30 minutos.

Coloque a rúcula no liquidificador junto com o azeite, o pinhole e o caldo de legumes restante. Bata até formar uma pasta. Aqueça a manteiga e frite os camarões rapidamente. Adicione os palmitos e refogue mais um pouco. Acrescente a rúcula batida, deixe ferver e desligue.

Cozinhe o macarrão em água e sal até ficar "al dente" e escorra. Transfira para um refratário, despeje o molho de rúcula e sirva a seguir.

Rendimento: 5 porções / Tempo de Preparo: 40 minutos / Dificuldade: Médio

# Papardelli com Frutos do Mar

***Ingredientes***

*200g de polvo picado*
*400g de camarões limpos*
*200g de vôngoles limpos*
*300g de lulas em anéis*
*suco de 1 limão*
*sal a gosto*
*1 colher (sopa) de hortelã desidratada*
*6 colheres (sopa) de azeite*
*meia xícara (chá) de vinho tinto seco*
*1 tablete de caldo de camarão*
*2 latas de molho de tomate ao sugo*
*1 pacote de macarrão tipo papardelli (500g)*

***Modo de Preparo***

Cozinhe o polvo em água na panela de pressão por 15 minutos, contados após o início da pressão. Desligue, escorra, junte os camarões, os vôngoles e as lulas. Tempere com o limão, o sal e o hortelã e deixe tomar gosto por 30 minutos.

Aqueça o azeite e frite os frutos do mar até ficarem cozidos. Junte o vinho, o caldo de camarão e refogue por 2 minutos. Adicione o molho de tomate, deixe aquecer e desligue.

Cozinhe o macarrão em água e sal até ficar "al dente" e escorra. Misture o macarrão com os frutos do mar e sirva a seguir.

Rendimento: 3 porções / Tempo de Preparo: 40 minutos / Dificuldade: Fácil

# Conchiglie ao Molho de Salmão

***Ingredientes***

*2 colheres (sopa) de manteiga*
*1 bandeja de salmão em fatias defumado (100g)*
*1 pitada de pimenta caiena*
*2 latas de creme de leite light*
*3 colheres (sopa) de queijo parmesão ralado*
*sal a gosto*
*2 colheres (sopa) de ceboullete picada*
*300g de macarrão tipo conchiglie cozido "al dente"*

***Modo de Preparo***

Derreta a manteiga e frite o salmão em fatias defumado. Junte a pimenta caiena, o creme de leite, o queijo, o sal e a ceboullete. Deixe aquecer e desligue.

Misture com o conchiglie ainda quente e sirva.

Rendimento: 5 porções / Tempo de Preparo: 40 minutos / Dificuldade: Fácil

# Gemelli com Molho de Funghi

***Ingredientes***

*1 xícara (chá) de funghi seco*
*¼ de xícara (chá) de azeite*
*3 dentes de alho picados*
*meia cebola média picada*
*2 latas de tomates pelados e picados*
*1 pitada de pimenta calabresa*
*sal a gosto*
*2 colheres (sopa) de salsa picada*
*1 pacote de macarrão tipo gemelli cozido e quente (500g)*
*2 colheres (sopa) de queijo parmesão ralado grosso*
*2 colheres (sopa) de queijo provolone ralado grosso*

***Modo de Preparo***

Coloque o funghi seco de molho por 2 horas. Escorra e reserve.

Aqueça o azeite e frite o alho e a cebola. Junte os tomates pelados e deixe ferver. Adicione o funghi, a pimenta calabresa e o sal. Acrescente a salsa, misture e despeje sobre a massa cozida. Polvilhe os queijos parmesão e provolone ralados e sirva.

Rendimento: 4 porções / Tempo de Preparo: 30 minutos / Dificuldade: Fácil

# Macarrão com Salmão

***Ingredientes***

*3 colheres (sopa) de manteiga*
*2 colheres (sopa) de farinha de trigo*
*1 vidro de leite de coco (200ml)*
*2 caixas de creme de leite (500g)*
*meia colher (chá) de coentro em grão*
*sal a gosto*
*1 pitada de pimenta-do-reino branca*
*100g de salmão defumado cortado em tiras*
*3 colheres (sopa) de cebolinha picada*
*400g de macarrão tipo talharim*

***Modo de Preparo***

Em uma panela média, aqueça a manteiga e junte a farinha de trigo. Deixe dourar levemente e com o fogo baixo misture o leite de coco, o creme de leite, o coentro, o sal, a pimenta-do-reino e o salmão. Deixe cozinhar por 5 minutos, em fogo baixo, junte a cebolinha e desligue.

Cozinhe o talharim em água e sal até que fique "al dente". Coloque o talharim cozido em um refratário e despeje o molho de salmão. Sirva a seguir.

Rendimento: 5 porções / Tempo de Preparo: 1 hora / Dificuldade: Fácil

# Lasanha da Nonna

***Ingredientes***

*1 maço de espinafre*
*2 colheres (sopa) de manteiga*
*3 ovos batidos*
*1 xícara (chá) de creme de leite*
*4 colheres (sopa) de queijo parmesão ralado*
*1 pacote de massa de lasanha fresca (500g)*
*250g de presunto fatiado*
*250g de mussarela fatiada*
*1 caixinha de polpa de pomate (520g)*
*1 envelope de caldo de legumes em pó*

***Modo de Preparo***

Pique o espinafre e refogue na manteiga até murchar. Reserve.

Em uma tigela, misture os ovos, o creme de leite, o queijo parmesão ralado e o espinafre. Reserve.

Cozinhe a massa conforme as instruções da embalagem. Monte, em um refratário, camadas alternando massa, presunto, mussarela, creme de espinafre e a polpa de tomate temperada com o caldo de legumes. Cubra com papel alumínio e leve ao forno preaquecido por 30 minutos. Sirva quente.

Rendimento: 5 porções / Tempo de Preparo: 40 minutos / Dificuldade: Fácil

# Espaguete à Moda da Fazenda

***Ingredientes***

*4 colheres (sopa) de óleo*
*1 cebola picada*
*2 dentes de alho amassados*
*500g de fígado de frango limpo e picado*
*2 caixinhas de polpa de tomate (520g cada)*
*2 tabletes de caldo de bacon*
*meia colher (chá) de pimenta-do-reino branca*
*1 pacote de espaguete (500g)*
*1 colher (sopa) de manteiga*

***Modo de Preparo***

Em uma panela, aqueça o óleo e frite a cebola e o alho até ficarem transparentes. Junte o fígado e frite até ficar macio. Adicione a polpa de tomate, o caldo de bacon e a pimenta-do-reino. Deixe cozinhar por 5 minutos em fogo baixo.

Cozinhe o espaguete em água e sal até ficar "al dente". Escorra, misture com a manteiga e o molho de fígado. Sirva a seguir.

Rendimento: 4 porções / Tempo de Preparo: 40 minutos / Dificuldade: Fácil

# Ravióli à Veneziana

***Ingredientes***

*meia xícara (chá) de azeite*
*1 cebola pequena picada*
*2 dentes de alho picados*
*2 caixas de polpa de tomate (520g cada)*
*4 colheres (sopa) de azeitonas pretas picadas*
*2 xícaras (chá) de brócolis cozido*
*sal a gosto*
*meia colher (chá) de pimenta-do-reino*
*500g de ravióli com recheio de sua preferência*
*1 xícara (chá) de mussarela ralada*

***Modo de Preparo***

Aqueça o azeite e refogue a cebola e o alho até ficarem macios. Junte a polpa de tomate, as azeitonas, o brócolis, o sal e a pimenta-do-reino. Deixe ferver.

Cozinhe o ravióli em água e sal até ficar "al dente", escorra e passe para um refratário. Despeje o molho por cima, espalhe a mussarela ralada e sirva a seguir.

Rendimento: 5 porções / Tempo de Preparo: 40 minutos / Dificuldade: Fácil

# Penne com Alcachofra

***Ingredientes***

*5 colheres (sopa) de azeite*
*4 xícaras (chá) de fundos de alcachofra picados*
*1 colher (sopa) de ervas finas*
*1 pitada de sal*
*1 pitada de pimenta calabresa*
*4 xícaras (chá) de mussarela de búfala picada*
*1 pacote de macarrão tipo penne (500g)*

***Modo de Preparo***

Aqueça o azeite e frite os fundos de alcachofra por 2 minutos, mexendo de vez em quando. Junte as ervas finas, o sal e a pimenta calabresa e misture bem. Acrescente a mussarela de búfala, mexa e desligue.

Cozinhe o macarrão em água e sal até ficar "al dente" e escorra. Transfira para um refratário, misture o refogado de alcachofra e sirva a seguir.

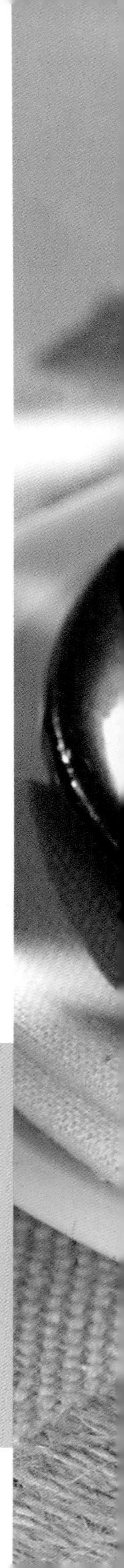

Rendimento: 5 porções / Tempo de Preparo: 1 hora e 20 minutos / Dificuldade: Fácil

# Lasanha Quatro Queijos

***Ingredientes***

*1 pacote de massa pré-cozida para lasanha*

*Molho de Queijo*
*250g de requeijão cremoso*
*1 xícara (chá) de leite*
*meia xícara (chá) de gorgonzola amassado*
*1 xícara (chá) de parmesão ralado*
*1 xícara e meia (chá) de mussarela ralada*

*Molho Branco*
*4 colheres (sopa) de margarina*
*5 colheres (sopa) de farinha de trigo*
*1 litro de leite*
*1 xícara (chá) de creme de leite fresco*
*sal e noz-moscada a gosto*

***Modo de Preparo***

Molho de Queijo

Em uma tigela, misture o requeijão e o leite até obter uma mistura homogênea. Junte os outros queijos e misture novamente. Reserve.

Molho Branco

Aqueça a margarina em uma panela e polvilhe a farinha de trigo mexendo rápido até obter uma pasta dourada. Acrescente aos poucos o leite, mexendo sem parar. Cozinhe até encorpar. Adicione o creme de leite e ferva por mais 5 minutos. Tempere com o sal e a noz-moscada. Reserve.

Montagem

Em um refratário retangular grande, distribua por todo o fundo uma fina camada de molho branco. Sobre o molho coloque as folhas de massa, em seguida alterne camadas de molho branco, mistura de queijos e as folhas de lasanha. Finalize com molho branco salpicado com a mistura de queijos. Cubra com alumínio e leve ao forno preaquecido em temperatura média por cerca de 30 minutos. Retire o alumínio e asse por mais 20 minutos até dourar a superfície.

Rendimento: 3 porções / Tempo de Preparo: 40 minutos / Dificuldade: Médio

# Talharim com Almôndegas de Aveia

***Ingredientes***

*Almôndegas*

*250g de carne moída*

*5 colheres (sopa) de aveia em flocos*

*1 dente de alho amassado*

*1 colher (sopa) de água*

*sal e pimenta-do-reino a gosto*

*2 colheres (sopa) de óleo*

*Macarrão*

*250g de macarrão tipo talharim*

*2 colheres (sopa) de margarina*

*2 tomates sem pele e sem sementes cortados em pedaços médios*

*2 colheres (sopa) de manjericão fresco picado*

*200g de mussarela de búfala cortada em pedaços*

*sal a gosto*

***Modo de Preparo***

Almôndegas

Em uma tigela, junte a carne, a aveia, o alho e a água. Tempere com sal e a pimenta-do-reino. Amasse com as mãos até obter uma massa homogênea. Com o auxílio de uma colher de chá, molde as almôndegas. Frite-as em óleo em uma frigideira antiaderente até ficarem douradas. Escorra em papel absorvente. Reserve.

Macarrão

Cozinhe o macarrão em água e sal até ficar "al dente". Na mesma panela, aqueça a margarina, junte o macarrão, o tomate, as almôndegas e o manjericão. Em seguida, adicione a mussarela e tempere com sal a gosto. Misture delicadamente até a massa aquecer e o queijo começar a derreter. Sirva a seguir.

Rendimento: 4 porções / Tempo de Preparo: 30 minutos / Dificuldade: Fácil

# Macarrão Oriental Expresso

***Ingredientes***

*2 caixinhas de creme de leite light*
*2 colheres (sopa) de mostarda*
*1 caixinha de polpa de tomate (520g)*
*sal a gosto*
*8 salsichas em rodelas*
*6 colheres (sopa) de ervilhas em conserva*
*1 pacote grande de macarrão instantâneo*

***Modo de Preparo***

Em uma panela, aqueça o creme de leite e junte a mostarda, a polpa de tomate, o sal e as salsichas. Deixe ferver por 2 minutos e junte as ervilhas. Cozinhe mais 1 minuto e desligue.

Cozinhe o macarrão instantâneo conforme as instruções da embalagem e sirva com o molho de salsichas.

Rendimento: 5 porções / Tempo de Preparo: 20 minutos / Dificuldade: Fácil

# Macarrão de Pressão

***Ingredientes***

*1 pacote de macarrão tipo penne (500g)*
*1 caixinha de polpa de tomate (520g)*
*1 caixinha de creme de leite light (200g)*
*2 latas de atum*
*2 tabletes de caldo de legumes*
*4 colheres (sopa) de queijo ralado*

***Modo de Preparo***

Coloque em uma panela de pressão o macarrão, a polpa de tomate, o creme de leite, o atum, o caldo de legumes e três xícaras (chá) de água. Misture, tampe a panela e leve ao fogo. Assim que iniciar a pressão, conte 4 minutos e desligue. Retire a pressão da panela e abra com cuidado. Sirva a seguir, polvilhado com queijo ralado.

Rendimento: 5 porções / Tempo de Preparo: 40 minutos / Dificuldade: Fácil

# Gravatinhas com Calabresa

***Ingredientes***

*4 colheres (sopa) de azeite*
*2 cebolas picadas*
*3 dentes de alho picados*
*500g de linguiça calabresa cortada em rodelas*
*1 folha de louro*
*2 caixinha de polpa de tomate (520g cada)*
*sal a gosto*
*meia colher (chá) de pimenta-do-reino*
*meia colher (sopa) de orégano*
*meia xícara (chá) de azeitonas verdes picadas*
*1 pacote de macarrão tipo gravatinha (500g)*
*4 colheres (sopa) de queijo ralado*

***Modo de Preparo***

Aqueça o azeite e refogue a cebola e o alho até ficarem macios. Junte a linguiça, o louro, a polpa de tomate, o sal, a pimenta e o orégano. Deixe cozinhar por 3 minutos, junte as azeitonas e desligue.

Cozinhe o macarrão em água e sal até ficar "al dente". Escorra e sirva com o molho de linguiça e o queijo ralado.

Rendimento: 5 porções / Tempo de Preparo: 20 minutos / Dificuldade: Fácil

# Penne ao Molho Escuro de Cogumelos

***Ingredientes***

*4 colheres (sopa) de manteiga*
*1 cebola picada*
*1 pimentão verde bem picado*
*1 bandeja de shitakes fatiados*
*1 colher (chá) de pimenta jamaica em pó*
*2 caixinhas de molho madeira pronto (500g)*
*1 pacote de macarrão tipo penne (500g)*

***Modo de Preparo***

Aqueça a manteiga e frite a cebola e o pimentão. Junte o shitake, a pimenta jamaica e frite mais um pouco. Adicione o molho madeira, meia xícara (chá) de água e deixe cozinhar por 5 minutos em fogo baixo.

Cozinhe o macarrão em água e sal até ficar "al dente" e escorra. Sirva o macarrão com o molho escuro de cogumelos.

Rendimento: 5 porções / Tempo de Preparo: 40 minutos / Dificuldade: Fácil

# Ninho com Ervilha e Manjericão

***Ingredientes***

*1 pacote de macarrão tipo ninho (500g)*
*meia xícara (chá) de margarina*
*meia embalagem de molho de tomate pronto (260g)*
*120g ervilhas tortas*
*100g de azeitonas pretas pequenas fatiadas*
*manjericão, sal e noz-moscada a gosto*
*100g de queijo parmesão ralado grosso*

***Modo de Preparo***

Cozinhe o macarrão em água e sal até ficar "al dente".

Enquanto isso, em uma outra panela, aqueça a margarina, junte o molho de tomate e deixe ferver. Acrescente as ervilhas tortas e cozinhe por mais 2 minutos. Adicione as azeitonas, o manjericão, o sal e a noz-moscada. Escorra bem a massa, sirva regado com o molho e polvilhado com o queijo ralado.

Rendimento: 2 porções / Tempo de Preparo: 30 minutos / Dificuldade: Fácil

# Farfalle ao Molho de Frango

***Ingredientes***

*1 colher (sopa) de manteiga*

*1 xícara (chá) de peito de frango cozido e desfiado*

*3 colheres (sopa) de milho verde*

*1 caixinha de polpa de tomate (260g)*

*1 tablete de caldo de galinha*

*1 colher (sopa) de cebolinha picada*

*200g de macarrão tipo farfalle*

*2 colheres (sopa) de queijo parmesão ralado grosso*

***Modo de Preparo***

Em uma panela, derreta a manteiga, junte o frango e o milho e deixe fritar um pouco. Adicione a polpa de tomate, o tablete de caldo de galinha e a cebolinha. Deixe cozinhar, em fogo baixo, por 3 minutos e desligue.

Cozinhe o macarrão em água e sal até ficar "al dente". Despeje em um refratário e cubra com molho. Polvilhe o queijo ralado e sirva.

Rendimento: 2 porções / Tempo de Preparo: 50 minutos / Dificuldade: Fácil

# Macarrão Pizza

***Ingredientes***

*meia xícara (chá) de cogumelos frescos picados*
*2 colheres (sopa) de azeite*
*150g presunto cortado em cubos pequenos*
*100g mussarela cortada em cubos pequenos*
*2 colheres (sopa) de queijo gorgonzola picado*
*2 colheres (sopa) de extrato de tomate*
*2 colheres (sopa) de cebola picada*
*1 pitada de pimenta-do-reino*
*2 colheres (sopa) de cheiro-verde*
*1 pitada de noz-moscada*
*suco de meio limão*
*4 colheres (sopa) de maionese*
*200g de macarrão tipo fusilli*
*2 colheres (sopa) de queijo ralado*

***Modo de Preparo***

Frite os cogumelos no azeite e reserve. Misture o presunto, a mussarela, o gorgonzola, o extrato de tomate, a cebola, a pimenta-do-reino, o cheiro-verde, a noz-moscada, o limão, os cogumelos fritos e a maionese. Reserve.

Cozinhe o macarrão em água e sal até que fique "al dente". Escorra e junte à mistura reservada. Mexa bem, polvilhe o queijo e leve ao forno preaquecido em temperatura média-alta por 15 minutos. Sirva quente.

Rendimento: 2 porções / Tempo de Preparo: 50 minutos / Dificuldade: médio

# Nhoque com Manjericão

***Ingredientes***

*Massa*

*400g de batatas cozidas e espremidas*

*1 colher (sopa) de manteiga*

*1 gema*

*meia colher (chá) de sal*

*1 xícara e meia (chá) de farinha de trigo, aproximadamente*

*Molho*

*2 colheres (sopa) de azeite*

*1 colher (chá) de orégano*

*1 caixinha de polpa de tomate (260g)*

*meia colher (chá) de sal*

*1 colher (chá) de catchup*

*2 colheres (sopa) de queijo ralado*

*3 colheres (sopa) de manjericão picado*

***Modo de Preparo***

Massa

Misture todos os ingredientes da massa, menos a farinha de trigo. Vá adicionando a farinha, aos poucos, até formar uma massa firme, porém macia. Corte pedaços dessa massa e faça rolos com aproximadamente 1,5cm de diâmetro. Corte esses rolos em pedaços de 1cm e jogue-os, em pequenas porções, em uma panela com água fervente e sal. Quando os nhoques boiarem, retire-os e escorra-os.

Molho

Aqueça o azeite e junte o orégano, a polpa de tomate, o sal e o catchup. Deixe ferver e desligue. Coloque os nhoques em um refratário, despeje o molho sobre eles, polvilhe o queijo ralado e o manjericão. Sirva a seguir.

Rendimento: 2 porções / Tempo de Preparo: 50 minutos / Dificuldade: Média

# Espaguete com Almôndegas Recheadas

***Ingredientes***

*300g de carne moída*
*1 clara*
*2 colheres (sopa) de cebola picada*
*meia colher (chá) de raspas de limão*
*1 fatia de pão de forma esmigalhada e umedecida*
*1 colher (chá) de sal*
*70g de mussarela cortada em cubos pequenos*
*3 colheres (sopa) de farinha de trigo*
*2 colheres (sopa) de azeite*
*meia colher (chá) de manjericão picado*
*1 caixinha de extrato de tomate (70g)*
*1 pitada de açúcar*
*óleo para fritar*
*200g de macarrão tipo espaguete*

***Modo de Preparo***

Misture a carne moída, a clara, uma colher (sopa) de cebola, as raspas de limão, o pão e meia colher (chá) de sal. Pegue pequenas porções dessa mistura, abra na palma da mão, coloque um cubo de mussarela e feche a almôndega. Passe as almôndegas na farinha de trigo e frite-as no óleo quente. Reserve.

Em uma panela, aqueça o azeite e junte a cebola restante e o manjericão. Frite um pouco e adicione o extrato de tomate, o açúcar, o restante do sal e uma xícara (chá) de água. Deixe ferver e acrescente as almôndegas. Cozinhe por 5 minutos e desligue.

Cozinhe o macarrão em água e sal até ficar "al dente" e sirva com as almôndegas.

Rendimento: 5 porções / Tempo de Preparo: 35 minutos / Dificuldade: Fácil

# Castellane ao Molho de Cogumelos

***Ingredientes***

*2 colheres (sopa) de azeite*

*2 xícaras (chá) de cogumelos pleurotos salmon cortados em fatias*

*2 colheres (sopa) de manteiga*

*2 colheres (sopa) de cebola ralada*

*2 dentes de alho picados*

*2 colheres (sopa) de farinha de trigo*

*1 xícara e meia (chá) de leite*

*1 xícara (chá) de vinho branco seco*

*1 envelope de caldo de legumes em pó*

*2 colheres (chá) de pimenta rosa*

*2 colheres (sopa) de cebolinha picada*

*1 pacote de macarrão tipo castellane (500g)*

***Modo de Preparo***

Aqueça o azeite e refogue os cogumelos. Desligue e reserve.

Derreta a manteiga e frite a cebola e o alho. Junte a farinha de trigo e misture bem. Adicione o leite e o vinho, aos poucos, mexendo até engrossar. Acrescente o caldo de legumes, a pimenta rosa, os cogumelos refogados e a cebolinha. Misture, deixe ferver por mais 1 minuto e desligue.

Cozinhe o macarrão em água e sal até ficar "al dente" e escorra. Sirva com o molho de cogumelos.

Rendimento: 4 porções / Tempo de Preparo: 30 minutos / Dificuldade: Fácil

# Capelli do Chef

***Ingredientes***

*1 vidro pequeno de tomates secos escorridos*
*1 xícara (chá) de vinho branco seco*
*2 colheres (sopa) de manteiga*
*2 colheres (sopa) de farinha de trigo*
*1 garrafa de creme de leite fresco (500ml)*
*1 envelope de caldo de legumes em pó*
*2 colheres (sopa) de alcaparras*
*1 bandeja de capelli com recheio de sua preferência (500g)*

***Modo de Preparo***

Bata no liquidificador os tomates secos e o vinho branco. Reserve. Derreta a manteiga e doure a farinha de trigo. Acrescente o creme de leite, aos poucos, mexendo sempre, até engrossar levemente. Acrescente os tomates secos batido, o caldo de legumes e as alcaparras. Cozinhe por 5 minutos em fogo baixo e desligue.

Prepare o capelli conforme instruções da embalagem e sirva com o molho de tomate seco.

Rendimento: 5 porções / Tempo de Preparo: 30 minutos / Dificuldade: Fácil

# Rigatone ao Molho de Limão

***Ingredientes***

*1 pacote de macarrão tipo rigatone (500g)*
*2 colheres (sopa) de azeite*
*1 colher (sopa) de cebola ralada*
*1 garrafa de creme de leite fresco (500ml)*
*4 gemas*
*meia colher (sopa) de casca de limão ralado*
*4 colheres (sopa) de suco de limão*
*sal e pimenta-do-reino a gosto*
*4 colheres (sopa) de salsa picada*
*meia xícara (chá) de queijo parmesão ralado*

***Modo de Preparo***

Cozinhe o macarrão em água e sal.

Enquanto isso, em uma panela, aqueça o azeite e refogue a cebola por 1 minuto.

Em uma vasilha, misture o creme de leite com as gemas, a casca e o suco de limão. Despeje na panela com a cebola e mexa bem até ferver. Cozinhe por mais 1 minuto, mexendo sempre. Tempere com sal e pimenta-do-reino. Retire do fogo, junte a salsa e misture. Escorra bem a massa e passe para uma travessa. Regue a massa com o molho, polvilhe com o queijo parmesão e sirva em seguida.

Rendimento: 4 porções / Tempo de Preparo: 40 minutos / Dificuldade: Fácil

# Salada de Macarrão Caprese

***Ingredientes***

*meia embalagem de macarrão tipo tortelini (500g)*

*meio maço de rúcula picada*

*1 xícara (chá) de mussarela de búfala em cubos*

*100g de tomates secos picados*

*2 dentes de alhos espremidos*

*sal e pimenta-do-reino branca a gosto*

*azeite para regar*

***Modo de Preparo***

Cozinhe o macarrão em água e sal, escorra e deixe esfriar.

Em uma travessa, coloque a massa já fria, a rúcula, a mussarela, os tomates secos, o alho, o sal e a pimenta-do-reino. Regue o azeite. Sirva em seguida.

Rendimento: 5 porções / Tempo de Preparo: 1 hora / Dificuldade: Fácil

# Salada de Macarrão Riso

***Ingredientes***

*1 cebola picada*
*1 dente de alho picado*
*8 colheres (sopa) de azeite*
*2 xícaras (chá) de macarrão tipo riso*
*sal a gosto*
*1 pitada de noz-moscada*
*meia colher (chá) de cominho em pó*
*1 pitada de pimenta-do-reino*
*4 colheres (sopa) de vinagre*
*3 colheres (sopa) de cebolinha picada*
*2 colheres (sopa) de hortelã picada*
*2 xícaras (chá) palmito picado*
*1 lata de milho escorrido*
*1 xícara (chá) de couve manteiga cortada bem fina*

***Modo de Preparo***

Refogue a cebola e o alho em metade do azeite até ficar transparente. Junte o macarrão, o sal, a noz-moscada, o cominho e a pimenta-do-reino. Adicione quatro xícaras (chá) de água fervente e cozinhe até secar toda a água. Desligue e deixe esfriar.

Passe o macarrão para um refratário e junte o restante dos ingredientes misturando bem. Leve à geladeira até a hora de servir.

Rendimento: 5 porções / Tempo de Preparo: 40 minutos / Dificuldade: Fácil

# Tortiglione a Caponata

***Ingredientes***

*2 colheres (sopa) de manteiga*
*1 cebola média cortada em cubos*
*1 dente de alho amassado*
*meia xícara (chá) de talo de salsão picado*
*1 cenoura média cortada em cubos*
*1 berinjela com casca cortada em cubos (300g)*
*2 tomates maduros, sem pele e sem sementes, picados*
*1 colher (sopa) de alcaparras*
*3 colheres (sopa) de uvas-passa escuras*
*sal, pimenta-do-reino e orégano a gosto*
*nozes picadas a gosto*
*1 pacote de macarrão tipo tortiglione (500g)*

***Modo de Preparo***

Aqueça a manteiga, junte a cebola e o alho e refogue até dourar. Acrescente o salsão e a cenoura e refogue em fogo baixo, com a panela tampada até a cenoura começar a amolecer. Se necessário, acrescente um pouco de água. Junte a berinjela e refogue até mudar de cor, mexendo de vez em quando. Adicione os tomates, a alcaparra, as passas e tempere com sal, pimenta-do-reino e orégano. Adicione uma xícara (chá) de água, tampe a panela e cozinhe em fogo brando até os legumes ficarem cozidos. Reserve.

Cozinhe o tortiglione em água e sal até ficar "al dente" e escorra. Misture ao molho e salpique pela superfície as nozes picadas. Sirva em seguida.

Rendimento: 5 porções / Tempo de Preparo: 30 minutos / Dificuldade: Fácil

# Bavette com Champignon, Alho-Poró e Queijo

***Ingredientes***

*2 colheres (sopa) de manteiga*
*1 cebola picada*
*3 xícaras (chá) de champignons fatiados*
*2 xícaras (chá) de alho-poró fatiado*
*sal e pimenta vermelha a gosto*
*1 pacote de macarrão tipo bavette (500g)*
*1 xícara (chá) de queijo tipo gruyère ralado na ralo grosso*

***Modo de Preparo***

Em uma panela larga, aqueça a manteiga e doure a cebola. Junte o champignon, o alho-poró e refogue em fogo brando, mexendo de vez em quando até murchar. Tempere com sal e a pimenta vermelha a gosto. Reserve.

Cozinhe o bavette em água e sal até ficar "al dente". Escorra a massa e envolva no refogado de champignon e alho-poró. Acrescente o queijo e misture bem. Sirva em seguida.

Rendimento: 5 porções / Tempo de Preparo: 40 minutos / Dificuldade: Fácil

# Buccattini ao Filé Cremoso

***Ingredientes***

*1 pacote de macarrão tipo buccattini (500g)*
*2 colheres (sopa) de óleo*
*1 cebola grande picada*
*500g de filé mignon cortado em tiras finas*
*2 xícaras (chá) de polpa de tomate*
*1 colher (chá) de sal*
*1 colher (sopa) de mostarda*
*1 xícara (chá) de cenoura ralada*
*1 xícara (chá) de creme de leite*
*1 xícara (chá) de queijo cheddar ralado*

***Modo de Preparo***

Cozinhe o macarrão em água e sal até ficar "al dente".

Enquanto isso, em uma panela, aqueça o óleo e doure a cebola. Junte a carne e frite até dourar. Acrescente a polpa de tomate, o sal, a mostarda, a cenoura e cozinhe por 3 minutos. Junte o creme de leite e misture bem. Escorra bem a massa, coloque em uma travessa, coloque o molho por cima e polvilhe o queijo cheddar para servir.

Rendimento: 5 porções / Tempo de Preparo: 30 minutos / Dificuldade: Fácil

# Salada Tropical

***Ingredientes***

*meio pacote de macarrão tipo gnocchetti (250g)*
*1 manga média cortada em cubos*
*10 unidades de kani-kama cortados em cubos médios*
*1 xícara (chá) de abacaxi cortado em cubos*
*1 xícara (chá) de queijo branco cortado em cubos*

*Para Decorar*
*6 tomates cereja cortados ao meio*

*Para Servir*
*molho para salada pronto de sua preferência*

***Modo de Preparo***

Cozinhe o macarrão em água e sal até ficar "al dente". Escorra bem e deixe esfriar.

Em uma saladeira, misture o macarrão já frio com a manga, o kani-kama, o abacaxi e o queijo. Decore com os tomates cereja e sirva em seguida com o molho para salada.

Rendimento: 4 porções / Tempo de Preparo: 45 minutos / Dificuldade: Médio

# Lasanha Vegetariana

***Ingredientes***

*2 colheres (sopa) de margarina*
*1 cebola média ralada*
*1 xícara e meia (chá) de brócolis picado*
*1 xícara e meia (chá) de palmito cortado em rodelas*
*2 litros de leite*
*sal a gosto*
*4 colheres (sopa) de farinha de trigo*
*1 embalagem de massa para lasanha*
*400g de mussarela fatiada*
*queijo parmesão ralado a gosto*

***Modo de Preparo***

Em uma panela, aqueça a margarina, doure a cebola, junte o brócolis e refogue até ficar macio. Junte o palmito e refogue por 2 minutos. Acrescente um litro e meio de leite e o sal. Deixe ferver. Dissolva a farinha de trigo no restante do leite, coloque no creme e mexa até engrossar. Cozinhe o molho por mais 3 minutos e desligue.

No fundo de um refratário médio, coloque uma xícara (chá) de molho, três folhas de massa, deixando um espaço entre elas. Alterne camadas de molho, massa e mussarela, terminando com molho e queijo ralado. Cubra com papel alumínio e leve ao forno médio, preaquecido, por cerca de 30 minutos, retire o papel e volte ao forno até gratinar. Retire do forno e sirva em seguida.

Rendimento: 4 porções / Tempo de Preparo: 45 minutos / Dificuldade: Fácil

# Caneloni ao Molho de Rúcula

***Ingredientes***

*meia xícara (chá) de azeite*
*4 dentes de alho fatiados em lâminas*
*2 filés de anchova em conserva picados*
*1 colher (sopa) de farinha de trigo*
*1 garrafa de creme de leite fresco (500ml)*
*pimenta-do-reino e sal a gosto*
*6 xícaras (chá) de mini rúcula*
*500g de caneloni de presunto e queijo*
*1 xícara (chá) de pecorino ralado grosso*

***Modo de Preparo***

Em uma panela, aqueça o azeite e doure o alho. Junte a anchova, a farinha de trigo, o creme de leite, a pimenta-do-reino, o sal e cozinhe até engrossar. Adicione a rúcula e reserve.

Coloque o caneloni em um refratário e cubra com o molho. Polvilhe o parmesão ralado, leve ao forno para gratinar e sirva a seguir.

Rendimento: 5 porções / Tempo de Preparo: 40 minutos / Dificuldade: Fácil

# Salada de Macarão com Alcachofra

***Ingredientes***

*1 pacote de macarrão tipo tortinho (500g)*
*2 colheres (sopa) de azeite*
*3 dentes de alho picados*
*meia cebola grande fatiada em meia lua*
*3 xícaras (chá) de fundo de alcachofra picado*
*meia colher (sopa) de orégano*
*5 colheres (sopa) de conhaque*
*1 xícara e meia (chá) de creme de leite fresco*
*1 xícara e meia (chá) de tomates secos picados*
*2 colheres (sopa) de sálvia picada*
*sal e pimenta calabresa a gosto*

***Modo de Preparo***

Cozinhe o macarrão em água e sal até ficar "al dente". Escorra e reserve.

Em uma panela, aqueça o azeite e doure o alho e a cebola. Junte a alcachofra, o orégano, o conhaque e flambe. Acrescente o creme de leite, os tomates secos, a sálvia, o sal e a pimenta calabresa, mexa bem e desligue.

Em uma travessa, misture o molho com a massa cozida. Leve para geladeira até que esteja totalmente fria. Sirva como salada.

Rendimento: 5 porções / Tempo de Preparo: 1 hora / Dificuldade: Médio

# Nhoque com Queijos à Bolonhesa

***Ingredientes***

*Massa*

*1kg de batata com casca*
*3 colheres (sopa) de manteiga sem sal*
*sal a gosto*
*100g de parmesão ralado*
*100g de queijo prato ralado*
*2 xícaras (chá) de farinha de trigo*

*Molho*

*2 colheres (sopa) de azeite*
*1 dente de alho picado*
*2 colheres (sopa) de cebola ralada*
*300g de carne bovina moída*
*2 envelopes de caldo de carne em pó*
*sal a gosto*
*2 xícaras (chá) de polpa de tomate*
*1 xícara (chá) de água*

***Modo de Preparo***

Massa

Coloque as batatas em uma panela de pressão, cubra com água e cozinhe até ficarem macias. Tire a casca das batatas ainda quentes e passe-as pelo espremedor. Passe para uma tigela funda e misture a manteiga, o sal e os queijos. Misture bem até obter uma massa homogênea. Acrescente a farinha de trigo aos poucos, amassando até a mistura ficar firme e macia, soltando das mãos. Faça cordões de massa, corte os nhoques e cozinhe-os em 3 litros de água fervente. Assim que subirem à superfície, retire-os com o auxílio de uma escumadeira. Reserve.

Molho

Aqueça o azeite em uma panela e refogue o alho e a cebola até dourarem. Acrescente a carne moída e o caldo de carne, frite por 5 minutos ou até secar todo o líquido. Acrescente o sal, a polpa de tomate e a água. Deixe cozinhar em fogo brando com a panela tampada por 10 minutos. Retire do fogo e sirva com o nhoque bem quente. Polvilhe parmesão se preferir.

Rendimento: 5 porções / Tempo de Preparo: 40 minutos / Dificuldade: Fácil

# Macarrão Risoto

***Ingredientes***

*2 colheres (sopa) de manteiga*
*3 colheres (sopa) de azeite*
*1 xícara (chá) de ervilhas frescas*
*meia colher (sopa) de alho picado*
*2 tomates picados em pedaços grandes sem sementes*
*2 xícaras (chá) de macarrão tipo riso*
*1 xícara (chá) de vinho branco seco*
*meia xícara (chá) de pimentão amarelo em cubos*
*2 envelopes de caldo de legumes em pó*
*meia colher (sopa) de pimenta jamaica em pó*
*1 colher (chá) de sal*
*1 xícara (chá) de creme de leite fresco*
*queijo parmesão ralado para polvilhar*

***Modo de Preparo***

Aqueça a manteiga e o azeite e frite as ervilhas, o alho e o tomate por 5 minutos, mexendo de vez em quando. Acrescente o macarrão, o vinho, o pimentão, o caldo de legumes, a pimenta jamaica e o sal. Vá mexendo, adicionando mais quatro xícaras (chá) de água fervente, aos poucos. Quando o risoto estiver quase seco, junte o creme de leite, mexa e desligue. Coloque o risoto em pratos e polvilhe o queijo ralado. Sirva a seguir.

Editora Boccato Ltda. EPP
Rua Afonso Brás, 473 - cj. 33
04511-011 - Vila Nova Conceição
Tel.: 11 3846-5141
www.boccato.com.br

Editora Gaia LTDA.
(pertence ao grupo Global Editora e Distribuidora Ltda.)
Rua Pirapitingui, 111-A - Liberdade 01508-020
São Paulo - SP - Brasil (11) 3277-7999
www.globaleditora.com.br - gaia@editoragaia.com.br
Nº de Catálogo: 3136

Edição: André Boccato
Coordenação Editorial: Manon Bourgeade / Maria Aparecida C. Ramos
Coordenação Administrativa: Artur Cruz Filho
Diagramação e Tratamento de Imagens: Arturo Kleque Gomes Neto
Fotografias: Estúdio Paladar - Cristiano Lopes / Emiliano Boccato
Produção Fotográfica: Airton G. Pacheco
Revisão de textos: Catarina Corrêa
Cozinha Experimental: Aline Maria Terrassi Leitão / Isabela R. B. Espíndola
Colaboração: Jezebel Salem

Editora Gaia
Diretor Editorial: Jefferson L. Alves
Diretor de Marketing: Richard A. Alves
Gerente de Produção: Flávio Samuel
Coordenadora Editorial: Dida Bessana
Assistente Editorial: João Reynaldo de Paiva
Impressão: Prol Editora Gráfica Ltda

Todas as fotografias foram realizadas no Estúdio Paladar.

Estúdio Paladar
Fotografias culinárias e cozinha experimental
Rua Valois de Castro, 50
04513-090 - Vila Nova Conceição
Tel.: 11 3044-4385
www.estudiopaladar.com.br



Dados Internacionais de Catalogação na Publicação (CIP)
(Câmara Brasileira do Livro, SP, Brasil)

Boccato, André
Receitas saborosas com massas / André Boccato e Estúdio Paladar. -- 1. ed. -- São Paulo : Gaia : Editora Boccato, 2009.

ISBN 978-85-7555-207-0

1. Culinária (Massas) I. Estúdio Paladar. II. Título.

09-06201 CDD-641.822

Índices para catálogo sistemático:

1. Massas : Receitas culinárias : Economia doméstica 641.822